Une heure dans l'autre monde.

1835.

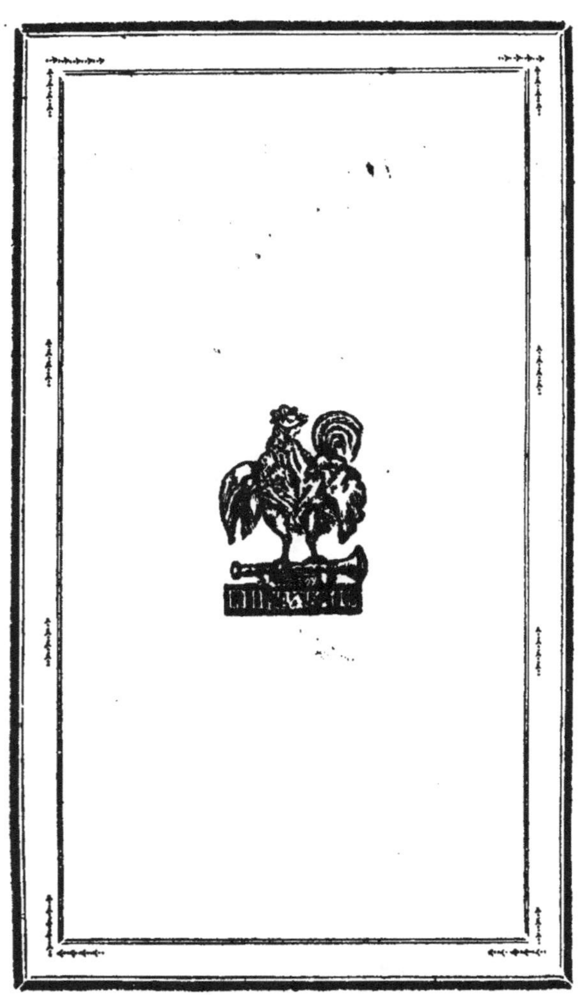

THEATRE PARISIEN.

PIÈCES NOUVELLES.

UNE HEURE
DANS L'AUTRE MONDE,

FOLIE-PARADE MÊLÉE DE COUPLETS, EN UN ACTE,

Par MM. Lubize et Eugène Ronteix;

REPRÉSENTÉE POUR LA PREMIÈRE FOIS, A PARIS, SUR LE THÉATRE DU PANTHÉON, LE 28 SEPTEMBRE 1835.

PRIX : 20 CENTIMES.

PARIS.

BARBA, LIBRAIRE, PALAIS-ROYAL,
GALERIE DE CHARTRES, DERRIÈRE LE THÉATRE FRANÇAIS,
PRÈS DE CHEVET.

BEZOU,
RUE MESLAY, 34,
et boulevard St.-Martin, 29.

QUOY,
BOULEVART SAINT-MARTIN,
18.

1835.

PERSONNAGES. ACTEURS.

PERSONNAGES.		ACTEURS.
ANTHÉNOR, TIMPAN, FRIVOLET, MÉPHISTOPHÉLÈS, Mme FRIQUET.	travestissemens.	M. F. RENÉ, jeune.
FRIMARD, ancien épicier de Saint-Quentin.		M. GUILLUY.
ERNEST DUFOUR, jeune médecin.		M. TALY.
MÉLANIE SAINVILLE, jeune veuve, sa cousine.		Mlle SOPHIE.
GERTRUDE, vieille gouvernante.		Mme MÉTOYER.
UN POSTILLON.		M. LAFOSSE.
GARÇONS, personnages muets.	NAPOLÉON. LE TEMPS. VOLTAIRE.	

La Scène est à quelques lieues de Paris, sur la route de Saint-Quentin, dans une maison de santé.

Imprimerie de CHASSAIGNON,
rue Gît-le-Cœur, n° 7.

UNE HEURE
DANS L'AUTRE MONDE,

FOLIE-PARADE EN UN ACTE.

Le Théâtre représente une partie du jardin de la maison de santé de M. Dufour. Au fond un bassin ou un lac, avec un bateau. A droite un pan de muraille, caché par un arbre placé obliquement. Au bas de ce mur, une ouverture de cave avec une petite grille. A gauche un banc de gazon devant un petit buisson.

SCENE PREMIERE.

ERNEST, GERTRUDE, GARÇONS.

CHOEUR.

AIR : *Sous ce riant feuillage.*

Le travail nous appelle;
Par des soins empressés,
Ceux qui montrent du zèle,
Seront récompensés.

ERNEST. Redoublez d'activité, de surveillance; que nos malades ne manquent de rien; qu'on ne s'aperçoive pas de l'absence de mon père.

(*Les garçons sortent en reprenant le chœur.*)

Le travail nous appelle, etc., etc.

GERTRUDE. Je crois que vous n'avez pas à vous plaindre : depuis deux jours que M. Dufour est parti, vous avez dû trouver tout en ordre... Nous savons quels soins exige une maison de santé comme celle-ci.

ERNEST. Cette partie, surtout, consacrée aux aliénés, doit être l'objet de tous vos soins.

GERTRUDE. Je crois qu'ils n'ont qu'à se louer de nous.

Air de Mazaniello.

On les traite avec complaisance,
Ils font d'excellens repas;
Et l'amabilité, je pense,
Ici ne leur manque pas.
Pour eux, on n'a pas l'âme dure;
Ah! vraiment, dans cette maison,
Les fous trouvent tout, je vous jure,
Tout.... excepté la raison.

(*On entend dans la coulisse le rire de Méphistophélès.*) Ah! ah! ah! ah!

ERNEST. Est-ce que celui-là est en route de si bonne heure? ne le gênez point, car, après tout, c'est un bon diable... Mais voici ma cousine.

SCENE II.

LES MÊMES, MÉLANIE

MÉLANIE, *à la cantonnade.* C'est bien, c'est bien; je vous remercie. Voilà six fois que vous me commencez la même histoire... tâchez de la finir une autre fois.

ERNEST. Qu'avez-vous donc?

MÉLANIE. C'est un de vos pensionnaires, vous savez, ce jeune homme sentimental qui repasse aussi bien qu'une blanchisseuse de fin...

ANTHÉNOR, *dans la coulisse.* O despotisme!.. comme le savon est cher... Il y a de quoi se révolter, s'insurger!

ERNEST. Vous pouvez être tranquille à présent, le voilà lancé dans une discussion politique.

MÉLANIE. Cela doit être bien intéressant! Mais dites-moi donc pourquoi mon oncle laisse ainsi ses malades se livrer à leurs caprices : flatter leur folie, est-ce donc le moyen de les guérir?

ERNEST. Il le pense, et je ne suis pas éloigné de le penser comme lui : aussi sommes-nous parfaitement d'accord pour les laisser, au moins pendant un certain temps, suivre toutes leurs fantaisies; nous ne leur refusons rien; nous nous soumettons nous-mêmes à quelques-uns de leurs caprices. Nous poussons même la complaisance jusqu'à mettre sous leurs mains les costumes que leur folie réclame.

MÉLANIE. Cela doit être fort drôle... Mais, dites-moi, est-ce aujourd'hui que vous attendez mon oncle?

ERNEST. Je ne crois pas qu'il arrive avant quelques jours. Vous êtes donc bien pressée?

MÉLANIE. Eh! mon dieu, oui. Je suis venue ici pour lui faire confidence d'une folie à laquelle ni lui, ni vous, je crois, n'apporteriez remède... un mariage.

GERTRUDE. Madame se remarie?..

MÉLANIE. Hélas! oui, avec le fils d'un homme à qui mon père doit sa fortune; c'est une dette de reconnaissance qu'il désire que j'acquitte en secondes noces...

et M. Frimard, mon prétendu, arrive de Saint-Quentin; il sera demain à Paris... Que dira-t-il de mon empressement s'il ne me trouve pas?

ERNEST, *à Gertrude.* Gertrude, voudriez-vous voir si tout est préparé pour les douches qu'il nous faut donner tout-à-l'heure à notre malade, M. Timpan?

MÉLANIE. C'est aussi un de vos pensionnaires?

ERNEST. Oui; il est tellement amateur de spectacle, qu'il va jusqu'à se figurer quelquefois être devenu poète, auteur tragique.

GERTRUDE, *à part.* Je suis sûre que la conversation va s'échauffer... Allons préparer les douches. (*Elle sort.*)

SCENE III.

ERNEST, MÉLANIE.

ERNEST. Vous avez l'air toutpensif, mon cousin.,.

ERNEST. J'avoue, Madame, que j'étais loin de m'attendre...

MÉLANIE. A mon nouveau mariage? Que voulez-vous, c'est un parti qui ne me conviendra peut-être guères : le fils d'un épicier, élevé lui-même dans la canelle et la cassonnade, à ce que je crois. Mais voyez-vous, mon cousin, quand on connait le mariage par expérience, on est moins effrayé de ces choses-là.

ERNEST. J'avoue que ce n'était pas là le mari que je m'attendais à vous voir choisir; et, pour ma part, si j'avais su n'avoir que M. Frimard pour rival...

MÉLANIE. Pour rival! vous, Ernest?..

ERNEST. Oui, ma cousine. Le moment est assez mal choisi pour vous le dire; mais aussi bien je n'eusse jamais osé vous offrir un sort sans richesse, et pour toute fortune un talent incertain encore...

MÉLANIE. Vous étiez injuste envers vous-même, mon cousin. La fortune ne me séduit point, et votre talent est mieux apprécié, dieu merci, par les autres que par vous-même; et puisqu'au point où j'en suis, cet entretien doit être le dernier sur un pareil sujet, je vous avouerai avec franchise que vous eussiez pu faire grand tort à M. Frimard...

ERNEST. Comment?.. Mélanie!..

MÉLANIE. Mais ne parlons plus de cela... Ma parole est donnée... et je la tiendrai... Vous avez été aussi par trop discret.

ERNEST. Ah! ne me dites pas du moins que je vous perds par ma faute, ce serait me désespérer.

AIR : *Sais-tu comment on fait la cour?*

Vous me rendez plus malheureux;
Vous n'aurez pas l'âme si dure,
Et si vous repoussez mes vœux,
J'en deviendrai fou, je vous jure.
De cette maison l'on va voir,
Grâce à vous, le propriétaire,
Par suite de son désespoir,
Devenir bientôt locataire.

MÉLANIE. Il faut espérer que cela n'en ira pas là...

(*On entend des cris.*)

SCENE IV.

LES MÊMES, GERTRUDE *arrivant précipitamment.*

ERNEST. Qu'y a-t-il donc?

GERTRUDE, *avec effroi.* Monsieur, Monsieur, un accident terrible! une chaise de poste dont les chevaux viennent de prendre le mors aux dents au haut de la montagne, et qui a roulé dans un des bas côtés de la route...

MÉLANIE. Et les voyageurs?..

GERTRUDE. Il n'y en avait qu'un, et j'ai envoyé des gens de la maison pour qu'on l'apporte ici.

ERNEST. Vous avez bien fait... Je vais au-devant de lui... Pardon, ma cousine.

MÉLANIE. Allez vite, je vous prie.

ERNEST. Gertrude, suivez-moi.

AIR : *Valse de Robin des Bois.*

Là-bas le devoir me réclame,
L'amour d'ailleurs est sourd ici pour moi.

MÉLANIE.

Allez. Ernest, et sans craindre le blâme;
Car du malheur je respecte la loi.

REPRISE ENSEMBLE.

GERTRUDE.

Là bas le devoir le réclame....
L'amour est sourd pour tous deux, je le voi.

MÉLANIE.

Allez, monsieur, et sans craindre le blâme;
Car du malheur vous respectez la loi.

ERNEST.

En vous quittant, je ne crains pas le blâme;
Car du malheur je respecte la loi.

(*Ernest et Gertrude sortent.*)

SCENE V.

MÉLANIE, *seule.* Je me sens toute troublée... C'est cet événement sans doute... et peut-être aussi la confidence qu'il vient de me faire dans un aussi mauvais moment... C'est que c'est affreux de rouler ainsi dans un précipice, et sans secours, sans moyen de s'arrêter.

AIR : *J'en guette un petit de mon âge.*

Lorsque l'on songe aux dangers du voyage,
On sent par fois chanceler ses projets;

J'ai pu braver un premier mariage,
Mais pour m'unir à l'époux que j'aimais,..
En ce moment j'éprouve quelque doute ;
Ce précipice et cet amour vraiment....
Reflèchir, me paraît prudent,
Avant de me remettre en route.

Mais on vient... Je serais inutile... je rentre. *(Elle sort.)*

SCENE VI.

ERNEST, GERTRUDE, FRIMARD, GARÇONS.

(Frimard est porté par les Garçons; il est sans connaissance.)

CHOEUR.

AIR : *Quoi, le hussard.*

Quel accident, quelle chûte cruelle !
S'il n'est pas mort, il a bien du bonheur.
L'occasion est sans doute fort belle,
Pour exercer le talent du docteur.

ERNEST. Posez-le sur ce banc.

GERTRUDE. Le malheureux, comme il a roulé !

ERNEST. Il n'est qu'étourdi, ça ne sera rien... Et le postillon ?..

GERTRUDE. Il a eu le bonheur de sauter de cheval, et dans ce moment il s'occupe de sa voiture.

ERNEST. Qu'on l'aide, qu'on lui procure tout ce dont il pourra avoir besoin.

GERTRUDE. Soyez tranquille...

ERNEST. Silence !.. notre voyageur revient à lui... le grand air lui fera du bien... je le crois hors de danger... Laissez-nous. *(Les Garçons sortent.)*

SCENE VII.

ERNEST, FRIMARD *poussant un soupir.*

ERNEST. Il revient tout-à-fait à lui. (*Lui examinant les membres.*) Point de fractures, ce ne sera rien.

FRIMARD, *se ranimant.* Ah ! Frimard !

ERNEST. Quel nom !.. c'est celui du prétendu de ma cousine... (*Frimard fait un mouvement, plusieurs lettres tombent de sa poche; Ernest les ramasse.*) « M. Frimard. à Saint-Quentin. » C'est bien cela !.. c'est là le futur époux de madame Sainville !

FRIMARD. C'est singulier, je ne souffre plus du tout.

ERNEST, *qui se tient à l'écart.* Sa vue me fait mal, et puisqu'il n'a aucun besoin des secours de mon art, retirons-nous... je lui enverrai Gertrude. (*Il sort.*)

SCENE VIII.

FRIMARD, *seul.*

Où suis-je ?.. Holà !.. arrête !.. Tiens, je ne roule plus... Eh bien ?.. mais je ne suis plus dans ma chaise de poste... Diable ! mais que suis-je devenu ? je n'en sais rien... Où suis-je en ce moment ? je l'ignore... Ce qu'il y a d'étonnant, c'est que je n'ai rien de brisé... c'est avoir du bonheur... Je suis seulement un peu moulu, ça se concoit... Voilà ce que c'est que d'avoir voulu voyager en poste ! ça va trop vite... Les diligences, c'est plus lourd... mais j'étais pressé de venir trouver cette dame qui m'attend, et qui compte sur moi pour avoir un mari... Ah ! ça, mais je n'entends rien... je ne vois rien... Où suis-je donc enfin ?.. La peur commence à me prendre... Je n'ai jamais été très-brave, moi... chacun son système.

AIR : *Je suis au mieux.*

Chacun est sans cesse à vous dire,
Qu'il faut que l'on soit courageux ;
Moi, je me contente d'en rire,
Et suis toujours aussi peureux.
Braver la mort, me semble rude,
Et je fais comme tant de gens
Qui sont poltrons par habitude,
Et malgré ça vivent long-temps.

(A la cantonnade.)

O mon dieu ! qu'est-ce que je vois là-bas ? Tous ces personnages... Nous ne sommes pas dans le carnaval cependant... Qu'est-ce que ça veut dire ?.. Mais je ne me trompe pas, c'est le grand Napoléon... Allons donc, il est mort... et pourtant c'est bien lui; je le reconnais... Il a l'air de causer avec un Monsieur dont j'ai vu le portrait quelque part... Oui, c'est vrai ; je me le rappelle : c'est M. de Voltaire !.. mais il est mort aussi... et moi... Oh ! c'est à bouleverser toutes mes idées... Je ne crois pas aux revenans, moi... Quelle pensée amère !

SCENE IX.

FRIMARD, ANTHÉNOR.

ANTHÉNOR. Que la nature est belle dans l'éternité !

FRIMARD. Qu'est-ce qui parle d'éternité ?

ANTHÉNOR. Depuis que je suis dans l'autre monde, je me crois dans la rue Saint-Louis, au Marais.

FRIMARD. Il a dit dans l'autre monde...

ANTHÉNOR. Ici du moins je n'entends pas miauler le chat de la fruitière et aboyer le chien de mon perruquier... Je n'entends qu'un silence morne.

FRIMARD, *avec effroi.* Monsieur... Monsieur...

ANTHÉNOR. Ici, il n'y a pas de bêtes importunes... Laissez-moi donc tranquille.

FRIMARD. Monsieur... un mot.

ANTHÉNOR. Jeune homme, faites-moi l'amitié de me laisser en repos avaler l'air céleste.

FRIMARD. Il faut absolument que je sache à quoi m'en tenir... Je vous en prie, Monsieur, dites-moi où je suis ici...

ANTHÉNOR. Comment! vous ne savez pas que vous êtes mort, que je suis mort, que nous sommes tous morts.

FRIMARD. Quoi! je suis mort!... O désespoir! je ne survivrai pas à une aussi triste nouvelle!

ANTHÉNOR. O bonheur! voilà un être qui pourra me comprendre...

FRIMARD. Dieu de dieu! né pour être épicier, et mourir si jeune!

ANTHÉNOR. Un être qui ne s'est pas aperçu du passage de la vie à l'éternité!

FRIMARD. Vrai, vous êtes mort ?

ANTHÉNOR. Oui, mais je vis dans la postérité; et vous?

FRIMARD. Je n'ai rien fait pour ça.

Air de l'Écu de six francs.

De tenir à cette chimère,
Je n'eus jamais la vanité;
Et lorsque j'étais sur la terre,
Je n'eus jamais, en vérité,
De goût pour l'immortalité;
Bien loin alors de la poursuivre,
Je la fuyais... dam' c'est cruel
De ne pouvoir être immortel,
Que lorsqu'on a cessé de vivre.

ANTHÉNOR. Tu me raconteras comment tu as quitté cette vie de douleurs et de larmes; cette vie de voitures qui vous éclaboussent, de cheminées qui vous tombent sur la tête, et de boulangers qui vous refusent du pain quand vous n'avez pas d'argent...

FRIMARD. Je suis bien à plaindre!

ANTHÉNOR. Cette vie où les riches seuls ont du plaisir, des omelettes soufflées, des bottes cirées à l'anglaise, et autres jouissances... tandis que le pauvre laboure la terre, bat les habits, vend des contremarques à la porte des spectacles...

FRIMARD. Quel diable de galimathias!..

ANTHÉNOR. Galimathias, as-tu dit?... Oui, galimathias; le galimathias, c'est le bonheur.

FRIMARD. Quel homme est-ce donc que cet être-là?

ANTHÉNOR. Tu veux savoir qui je suis... ou plutôt qui j'étais?... Écoute, jeune homme, et admire!

FRIMARD, *à part.* J'aimerais mieux m'en aller...

ANTHÉNOR, *le prenant par le bras.* Écoutez... Je me nommais Anthénor... j'étais élève dentiste et amoureux... car on peut arracher des dents et avoir un cœur... J'avais donc un cœur... ou plutôt je n'avais plus de cœur... je l'avais donné à Manette, la plus jolie de toutes les blanchisseuses de fin... Que nous fûmes heureux pendant six mois!.. je la menais tous les dimanches à la barrière d'Italie; nous mangions des haricots et de la salade... elle adorait la salade...

FRIMARD, *à part.* Il n'en finira pas.

ANTHÉNOR. Un jour, je me présente chez Manette; elle ne m'attendait pas... elle parut troublée à ma vue... Je veux entrer... le croiriez-vous? la blanchisseuse me dit de repasser... A ce mot, je m'élance dans la chambre, et je me trouve nez à nez avec un garçon apothicaire... Ma vue se trouble, car je reçois de lui un coup de poing sur les yeux... il me donne trois coups de pieds.... où me donne-t-il trois coups de pieds? je vois dans vos yeux que vous avez deviné où... Alors, accablé par la honte, la jalousie et les coups de pieds, je rentre chez moi... je prends six faux cols blanchis de la main propre de Manette... je les pose sur mon cœur... je mets un pistolet dans ma poche, et je vais me jeter à l'eau.

FRIMARD. Ah! mon Dieu!

Air : de Julie.

On avait perdu votre trace,
Personne n'alla vous chercher.

ANTHÉNOR.

Et qui donc aurait eu l'audace,
Malgré moi, de me repêcher?
Quand mon âme, naïve et pure,
De l'amour fuyait les filets,
C' n'était pas pour tomber après
Dans ceux d'un marchand de friture.

J'aurais bien voulu voir qu'on me repêchât! je ne l'aurais pas souffert... Ne suis-je pas heureux, maintenant? la mort, c'est le sommeil d'un homme fatigué de l'existence... Mais il me manquait quelque chose dans ce séjour de félicité... et je l'ai trouvé, ce qui me manquait.

FRIMARD. Qu'est-ce que c'est?

ANTHÉNOR. C'est un ami... et c'est vous que je charge de me faire goûter les charmes de ce tendre lien, au moyen duquel deux hommes sont comme une paire de mouchettes, de ciseaux, de pincettes ou tout autre objet naturellement forcé d'être double, sans quoi l'existence de l'un est boiteuse, et par cela même illusoire... Vous serez mon ami, car vous êtes fait pour me comprendre.

FRIMARD, *à part.* Je ne m'en aperçois guère.

ANTHÉNOR. Tous les matins nous regarderons ensemble lever le soleil, nous compterons toutes les gouttes de rosée sorties pendant la nuit de l'arrosoir de la nature...

FRIMARD. Ça sera un peu long.

ANTHÉNOR. Tous les soirs, nous irons admirer la lune et ses disques argentés... N'est-ce pas que c'est délicieux de regarder la lune?... nous resterons une heure... deux heures, trois heures, plus ou moins, en contemplation devant la lune.

FRIMARD, *à part*. Ça sera amusant.

ANTHÉNOR. Voilà qui est décidé; vous serez mon ami, nous ne nous quitterons presque jamais.

AIR : *Grands Dieux!*

Tout en mangeant chaque matin
Ma salade voluptueuse,
Malgré moi j'avais du chagrin,
Mon âme n'était point heureuse;
Mais je comprends bien aujourd'hui
Pourquoi tout me paraissait fade,
C'est qu'il me manquait un ami
Pour assaisonner ma salade.

Voilà l'heure où je mets mon linge à sécher... Venez m'aider.

FRIMARD. Une autre fois... j'ai affaire.

ANTHÉNOR. Eh bien! demain... je repasserai... vous partagerez cette douce occupation... Adieu, mon ami... adieu, mon Castor... je serai ton Pollux... adieu... adieu... ah! embrassons-nous.

FRIMARD. Vous m'étouffez.

ANTHÉNOR. C'est de la plus franche et de la plus étroite amitié... Adieu, Castor...

FRIMARD. Adieu... Va-t'en au diable.

(*Anthénor sort.*)

SCENE X.

FRIMARD, *seul.*

Enfin je suis seul, et je puis réfléchir à ma situation... Mort! mort! que ce mot-là est aride!.. il faut en convenir cependant, le passage de la vie à l'éternité n'a rien de cruel... je n'ai pas éprouvé la plus petite douleur... je ne suis pas changé du tout... Mais suis-je assez stupide de croire... Ce n'est pas possible, je ne suis pas mort... ce n'est qu'un rêve... un cauchemar... (*Il regarde les lieux où il se trouve; à ce moment, quelques personnages historiques, Voltaire, Napoléon, etc., paraissent sur le lac, dans un bateau, conduit par le Temps.*) Mais, où suis-je encore une fois?.. Ce sont les Champs-Élysées, peut-être... Qu'est-ce que j'aperçois là-bas?.. c'est la barque à Caron, comme je l'ai vue dans l'autre monde... en tableau... Voilà le Temps qui s'amuse à faire passer l'eau à tous les grands hommes qui sont morts depuis le commencement du monde... Si je pouvais me lier avec quelque roi... avec Napoléon, le Grand Napoléon... Je lui dirais de me nommer ambassadeur... je voyagerais, j'irais à Vienne, à Berlin... peut-être à Constantinople... en Portugal... je mangerais des oranges... Comme ma famille serait flattée de me voir ambassadeur!.. ma famille... des pâtissiers... des restaurateurs et des épiciers... je ne verrais plus mes parens... Ah! voilà que je méprise ma famille, à présent... Frimard, mon ami, tu es fier... tu parles de voyager, d'être ambassadeur... Stupide... mais songe donc que tu es mort... que tu es peut-être à vingt-cinq millions de lieues de la terre... que tu n'es plus que l'ombre de toi-même... et tu l'oubliais.... brute... et tu étais hautain et ambitieux .. imbécille...

Air : Nous vivons tous deux en amis.

Oui, je suis un niais vraiment,
Et comme un Jobard je raisonne;
Mais être sot en ce moment
Me semble une chose fort bonne.
D'être admis dans le Paradis
On n'accorde jamais la grâce,
Qu'à ceux qui sont pauvres d'esprits :
Bien sûr on m'y garde une place.

C'est égal, je ne me consolerai pas d'être mort... je me pleurerai long-temps... Encore, si l'on pouvait correspondre avec la terre... mais les Champs-Élysées, c'est si loin!.. Voyons, tâchons de faire connaissance avec les immortels... Quel est ce gros homme qui s'avance?

SCÈNE XI.

FRIMARD, TIMPAN.

TIMPAN, *chantant.* « Le fils des Dieux... »

FRIMARD. Le fis des Dieux!... Voilà un particulier bien gai.

TIMPAN, *sérieusement.* Qu'est-ce qui a dit que j'étais gai?

FRIMARD. C'est moi.

TIMPAN. Moi, gai?... Vous ne me connaissez donc pas?

FRIMARD. Je n'ai point cet honneur-là.

TIMPAN. Ignorant!.. je suis le fameux Timpan.

FRIMARD. Je ne connais pas... Quel était votre état... que faisiez-vous?

TIMPAN. Je fais des sanguino-musico-drames.

FRIMARD. Qu'est-ce que c'est que ça, des sanguino-musico-drames ?

TIMPAN. Ce que c'est... ce que c'est... O perruque ! c'est un genre de compositions dramatiques qui surpassent tout ce qu'il y a de plus bizarre sur les théâtres européens... c'est le sublime. (*Chantant.*)

Cent esclaves ornaient ce superbe festin.

Brom... brom...

FRIMARD. Je n'ai jamais entendu parler de ces ouvrages-là.

TIMPAN. Malheureux que vous êtes !... Vous n'êtes donc pas bien avec le sort, puisqu'il vous a refusé la faveur d'assister à la représentation d'une de ces créations gigantesques, de ces créations auprès desquelles la colonne de la place Vendôme n'est pas plus grande qu'une asperge... Je vais vous dire ce que c'est qu'un sanguino-musico-drame, et vous allez juger.

FRIMARD. Voyons, voyons.

TIMPAN. Un sanguino-musico-drame est vulgairement en quarante-cinq tableaux. La représentation dure trois jours... Dans ces ouvrages remarquables, on danse, on chante, on séduit, on se pend, on assassine, on empoisonne, on empale...

FRIMARD. Ça doit être charmant !

TIMPAN. Je le crois bien, que c'est charmant... Pour qu'une de ces pièces soit bien faite, il faut qu'elle renferme au moins vingt-deux adultères, quinze malédictions, dix-neuf incestes, trente-trois suicides, vingt-neuf assassinats, trente incendies, cent-quarante-deux bâtards, et soixante-quinze maris... trompés.

FRIMARD. Il faut bien du monde pour jouer de pareils ouvrages.

TIMPAN. Trois mille six cent-cinquante-deux personnes... Ça se représente dans la plaine Saint-Denis.

FRIMARD. En été ?

TIMPAN. Et qu'importe la saison !... Le génie craint-il les rhumes de cerveaux ?... Tenez, je veux vous donner une idée de mes ouvrages... je vais vous jouer quelques scènes de mon dernier sanguino-musico-drame.

FRIMARD Tout seul ?

TIMPAN... Tout seul... Mettez-vous là... vos cheveux vont se dresser sur votre tête ; je vous en préviens.

FRIMARD. Je porte un faux toupet.

TIMPAN. Votre toupet n'y résistera pas... Voici les principaux personnages : Bruto, mari barbare... Pleurette, épouse sensible... Volagino, amant tendre et passionné... Je ne vous parle pas des rôles secondaires et accessoires.

FRIMARD. J'aime mieux ça... ma mémoire n'y suffirait pas.

TIMPAN. Je dois vous prévenir que mes pièces partent toujours d'un point excessivement simple pour arriver aux situations les plus fortes. Volagino se rend chez Bruto... la bonne lui ouvre... il entre... Bruto est assis et mange un œuf à la coque... Pleurette raccomode des bas.

FRIMARD. Charmant intérieur d'un heureux ménage.

TIMPAN. Bonjour, Bruto ; tu manges, Bruto... tu manges un œuf à la coque... et le jour de la vengeance a lui ! — Que veux-tu dire ?..—Je tremble, dit Pleurette. — Te souviens-tu de ce carreau que tu as cassé chez moi, rue de l'Oursine, n. 15, au 6me au dessus de l'entresol. — Je le crois bien, j'ai encore la marque de la coupure. — Eh bien ! si tu veux que je te pardonne un tel forfait, il faut que tu me donnes ta femme. — Et pourquoi faire ? — Pourquoi faire ?.. pour l'épouser donc. — Epouser ma femme !.. Jamais. — Jamais ! — Non, jamais. — Ah ! ah ! Eh bien, je la prends de force... Là-dessus Volagino, prend la femme par un bras, Bruto par l'autre.

PLEURETTE.

Laissez-moi, laissez-moi, je ne veux pas vous suivre.

BRUTO.

Sans Pleurette, ici-bas, je ne pourrais pas vivre.

VOLAGINO.

Sans elle cependant, mon ami, tu vivras ;
Mais autant qu'un damné bientôt tu souffriras.

Bruto voyant qu'il n'est pas le plus fort, prend un couteau, en perce en cachette le cœur de sa femme, et lui dit : ne fais pas semblant d'être morte... On se rend à l'église... le théâtre change et représente l'intérieur de l'église... Volagino se met à genoux à côté de Pleurette qui a reçu son petit coup de couteau, et qui dissimule. Le prêtre arrive et commence la cérémonie...

LE PRÊTRE.

O couple fortuné, que le ciel vous bénisse !
De vos vertus, ici, vous recevez le prix.

VOLAGINO.

En parlant de vertus il me met au supplice.

LE PRÊTRE.

Sur vos lèvres je vois promener des souris...

Arrêtez ces transports! plus de jeux, plus de danse.
A mon tour maintenant: tiens, voilà ma vengeance!

Au même instant les vêtemens de Pleurette tombent, et ne laissent voir qu'un fantôme qui grandit, qui grossit d'une manière prodigieuse... Quand il a 24 pieds de haut et 12 pieds de large, il s'échappe : on court après lui, il passe par le trou de la serrure... Le prêtre, qui n'est autre que Bruto, se met à rire... du rire de Satan... Volagino est métamorphosé en chameau... Le feu prend à l'église, tout le monde brûle en chantant :

Vive l'allégresse !
Vive la santé !
J'aimerai sans cesse
Plaisir et gaîté.

(*Il sort en dansant.*)

(*Revenant.*) Comment, vous ne connaissez pas les sanguino-musico-drames ?.. Vous êtes un ignard et un manant...

(*Il sort.*)

SCENE XII.

FRIMARD, *seul.*

Manant!.. Il m'appelle manant... Grosse bête, va, fils des dieux! butor... Avec ses pièces qui durent trois jours et auxquelles je ne comprends rien du tout... Comment, il faut que j'habite avec des êtres comme ça !.. C'est que ça n'a pas le sens commun ses sanguino-musico-drames... c'est bête à couper au couteau... Ah! je me faisais une toute autre idée du royaume des morts...

Air de Céline.

Moi je pensais que sous la terre,
On n'entendait que des bons mots;
Un trait, une pointe legère...
Ah! si l'on trouve ici des sots,
Pourquoi changer de domiciles,
Dans ces lieux à quoi bon venir?
Pour vivre avec des imbécilles
Était-c' la peine de mourir?

Mais un être de l'autre sexe s'approche de moi... Je croyais qu'il y avait ici le côté des hommes et le côté des femmes... Il paraît que tout le monde est mêlé... tant mieux.

SCENE XIII.

FRIMARD, GERTRUDE.

GERTRUDE, *à part.* Voyons comment va notre malade... Eh bien! il a l'air d'être tout-à-fait remis.

FRIMARD, *à part.* Quel dommage qu'elle ne soit pas morte plus jeune !

GERTRUDE. Monsieur est guéri de sa chûte?

FRIMARD, *à part.* Je crois bien que je suis guéri... Joli remède... ma foi... (*Haut.*) Oui, Madame.

GERTRUDE. Ah! tant mieux.

FRIMARD, *à part.* Elle a l'air d'une bonne personne. (*Haut.*) Madame, oserais-je vous demander ce que vous faites ici pour passer le temps?

GERTRUDE. Je range, je balaye, je fais des tisannes.

FRIMARD. Des tisannes!.. est ce qu'il y a des médecins qui exercent ici?

GERTRUDE. Certainement.

FRIMARD. Pourquoi faire?

GERTRUDE. Pour la forme... car la maladie que l'on traite ici est incurable...

FRIMARD, *à part.* Je crois bien... comme dit la chanson : « *Quand on est mort c'est pour long-temps.* » (*Haut.*) Vous balayez, dites-vous... c'est fort drôle... Il y a donc de la poussière ici?

GERTRUDE. Est-ce qu'il n'y en a pas partout?

FRIMARD. C'est juste... Dites-moi un peu de quelle maladie êtes-vous morte?

GERTRUDE. Comment, morte!

FRIMARD. Certainement... est-ce d'une fièvre cérébrale, d'une apoplexie...

GERTRUDE, *à part.* Ah! mon dieu... Mais le pauvre homme est devenu fou en roulant.

FRIMARD. On ne peut pas savoir?.. voilà tout... Si c'est un secret?..

GERTRUDE. Oui, c'est un secret... (*à part.*) Pauvre homme !

FRIMARD. Vous avez peut-être été empoisonnée?

GERTRUDE. Non, du tout...

FRIMARD. Je devine... Vous êtes morte d'amour.

GERTRUDE. D'amour!..

FRIMARD. Je le vois dans vos yeux... Vous êtes morte d'amour... O femme infortunée!.. mourir d'amour à votre âge... c'est avoir du guignon.

GERTRUDE, *à part.* Il a une singulière folie.

FRIMARD. Du reste, vous avez eu une heureuse idée de mourir... C'est très-adroit.

GERTRUDE. Comment cela?

FRIMARD.

AIR : *Mais, dites-moi, ma chère.*

Quand un sentiment tendre
N'obtient pas de retour,

Il faut aller attendre
L'ingrat au noir séjour.
Puisqu'ici la nature
Nous fait tous arriver,
Vous devez être sûre
Qu'il viendra vous trouver.

Mais en attendant l'ingrat, si vous vouliez... je pourrais le remplacer.

GERTRUDE. Merci, merci...

FRIMARD. Vous avez tort... la vie est si longue dans l'éternité, qu'il faut tâcher de l'abréger un peu.

GERTRUDE. Je ne m'ennuie jamais.

FRIMARD. Vous êtes bien heureuse... Moi, je m'ennuie déjà... et c'est pour cela...

(*Il veut l'embrasser.*)

GERTRUDE. Voulez-vous finir !

FRIMARD. Non, je ne veux pas... (*à part.*) Les vieilles aiment qu'on soit effronté.

GERTRUDE. Je vais me fâcher.

FRIMARD. Je m'en moque... Ah! vous ne me connaissez pas... Quand une fois la passion m'égare... je suis terrible...

GERTRUDE. Ah! mon dieu!... mais il devient dangereux... comment faire?

FRIMARD. Je ne vous lâche pas, d'abord. (*Il la poursuit. Dans ce moment paraît Frivolet; Frimard, effrayé, lâche Gertrude, qui se sauve.*)

SCENE XIV.

FRIMARD, FRIVOLET.

FRIVOLET.

Air de la Galoppe.

Ah! quel plaisir
De sauter, de courir!
Que c'est bon d'être ingambe!
Si je n' pouvais ni sauter ni courir,
On me verrait mourir.
Quand pour m'amuser,
Je veux danser,
J'ai si bonn' jambe,
Qu' léger comm' l'éclair,
J' reste souvent huit jours en l'air.
Près d' moi l'opéra n' pès' pas une once,
Car j'enfonce
Et Taglioni
Et même madame Saqui.

Ah! quel plaisir, etc.

FRIMARD. Qu'est-ce que c'est que ce danseur?

FRIVOLET. Danseur!.. danseur si vous voulez... car je sais tout faire... Je suis médecin, chirurgien, chimiste, algébriste, équilibriste, dentiste, comédien, pharmacien, serrurier, ferblantier, menuisier, maçon, charron, etc.

FRIMARD. Ah! mon dieu, que de talens.

FRIVOLET. Il faut bien cela pour faire son chemin dans ce siècle de découvertes... Il faut se dépêcher d'inventer du nouveau; car le nouveau est si vite du gothique.

FRIMARD. C'est vrai.

FRIVOLET. Aussi mon imagination travaille sans cesse... et avec une rapidité désespérante pour les autres... Elle fend l'air... mon imagination... comme un oiseau qui fuit la serre du vautour.

FRIMARD. Quelle vivacité!

FRIVOLET. Je crois bien que j'en ai de la vivacité, aussi j'invente dix machines par jour.., je pénètre quinze secrets de la nature... Je suis si curieux pour les secrets de la nature, dès que je vois un une fleur... un arbre... un brin d'herbe qui poussent... tout de suite je suis de là; j'écoute à la porte de la nature, je tâche de la surprendre dans son laboratoire...

FRIMARD. Vous êtes diablement curieux.

FRIVOLET. N'est-ce pas la curiosité qui produit toutes les découvertes utiles.

Air du premier prix.

Mon cher, dans le siècle où nous sommes,
On est curieux... mais il le faut,
C'est un' qualité chez les hommes,
Chez les femmes c'est un défaut.
Quand la curiosité l'enflamme,
Un homme acquiert des talens...
La curiosité chez un' femme,
N' produit jamais que des cancans.

FRIMARD. C'est vrai ça.

FRIVOLET. Je vous montrerai toutes mes machines, vous verrez comme c'est beau... J'en ai une pour faire des discours, une pour faire des romans, une pour faire des drames, une pour dire toujours oui, une pour dire non, une pour...

FRIMARD. Ah! mon dieu! que de machines!

FRIVOLET. Mais on ne voit que ça aujourd'hui .. aussi j'en suis fou.

AIR : *Je pique.*

Machine,
Routine,
C'est mon bonheur, mon élément.
Machine,
Routine,
Ah! c'est charmant.

Ce monsieur qui, dans un théâtre,
A des bras qu'on croirait en plâtre,
Et qui depuis quatre-vingt-deux
Joue, en dépit d' tous les envieux,
L'emploi d'jeune amoureux.
Machine, etc.

Et ce commis souple et tenace.

Qui conserve toujours sa place,
En venant fair' très-humblement
A chaqu' nouveau gouvernement,
Toujours nouveau serment.

Machine etc.

Qu'est-c'que c'est qu' un vaudevilliste,
D' tous les pouvoirs panégyriste?
Et l'auteur qui vend son talent,
Pour un' place ou pour de l'argent,
Ou bien pour un ruban ?

Machine, etc.

FRIMARD. Vous avez raison.

FRIVOLET. Je suis en train de faire une machine électrique qui sera d'un grand usage... J'appellerai ça une pompe à succès... Ça sera très-utile pour les auteurs, acteurs, académiciens, avocats.

FRIMARD. Expliquez-moi un peu...

FRIVOLET. C'est un appareil que je placerai dans un coin, et qui, au moyen d'un conducteur, communiquera à toutes les banquettes et sous les pieds des spectateurs ou auditeurs. Voyez-vous d'ici le public, à une pièce nouvelle, qui s'écrie que c'est mauvais, que c'est détestable... Psit! je donne un tour de roue, et les voilà qui malgré eux applaudissent à tout rompre, en disant que c'est absurde.

FRIMARD. C'est charmant.

FRIVOLET. Voyez-vous cet académicien qui prononce un discours? tout le monde s'endort... c'est toujours comme ça à l'Académie... Un tour de roue, et voilà chacun qui se met à applaudir et à ronfler en même temps.

FRIMARD. Délicieux !..

FRIVOLET. Cet avocat qui a plaidé comme un fiacre me fait un signe... Vite un tour de roue... on applaudit... Le président s'écrie : Les marques d'approbation et d'improbation sont prohibées... On applaudit encore... Faites évacuer la salle, dit le président... La garde municipale met le public à la porte, et le public sort en applaudissant... Il applaudit dans la rue, sur les quais... jusque dans sa chambre...

FRIMARD. C'est admirable !

FRIVOLET. Je le crois bien.

Air des Cancans.

Quels succès ! (*bis*).
Plus de chûtes,
De culbutes.
Quels succès ! (*bis*)
Pour les sifflets,
Quels déchets !

L'Ambigu sera suivi,
Le Théâtr'-Français rempli;
Et même au Grand Opéra
Le public s'amusera.
Quels succès! etc.

On lira Victor Hugo,
Et l' histoir' de Debureau,
La Peau d' Chagrin... et chacun
Achet'ra l' livr' des Cent-un.
Quels succès! etc.

FRIMARD. Vous êtes un grand homme.

FRIVOLET. Si vous saviez tout ce que j'ai inventé... Figurez-vous que je fais du tabac avec des pommes de terre... Tenez, goûtez... Ath chum !

FRIMARD. Dieu vous bénisse !

FRIVOLET. Et la cuisine... Dieu! comme je suis fort sur la cuisine... Auprès de moi.. Véfour n'est qu'un gâte-sauce... Grignon, gâte-sauce... Véry, l'illustre Véry, gâte-sauce..Je les enfonce tous au fond de leurs casseroles... (*avec mystère.*) Vous ne savez pas... j'ai trouvé la pierre philosophale...

FRIMARD. Vraiment!..

FRIVOLET. Je change les pierres de taille en or, les cailloux en diamans, les coucous en équipages, et les pommes de terre frites en salades d'oranges...

FRIMARD. Voilà une fameuse connaissance... Alors vous êtes immensément riche ?

FRIVOLET. Je roule sur l'or et l'argent... Prêtez-moi deux sous pour acheter de la galette.

FRIMARD. Comment, deux sous?

FRIVOLET. Vous ne voulez pas... Vous êtes un vilain... un crasseux... un cancre... Dansons la galoppe... Ah! quel plaisir, etc.

(*Il l'entraîne en lui faisant danser la galoppe malgré lui.*)

SCENE XV.

ERNEST, GERTRUDE.

ERNEST. Mais êtes-vous bien sûre qu'il soit fou ?..

GERTRUDE. Je vous en réponds.

Air des aubergistes de qualité.

J'en conviens, au premier abord,
Il avait l'air fort raisonnable;
Mais tout-à-coup.... c'est incroyable,
Il s'est écrié : je suis mort!
Puis prenant un regard aimable,
Un regard aimable,
Vers moi je le vois s'avancer,
Il me poursuit, (*bis.*) rien ne l'arrête;
En vain je veux le repousser,
Dans sa rage il veut m'embrasser...
Bien sûr il a perdu la tête

ERNEST. Mais où est-il?

GERTRUDE. Je l'avais laissé ici...

ERNEST. Le malheureux!.. Eh quoi! le hasard l'aurait conduit précisément dans une maison où il devra rester malgré lui.

GERTRUDE. Mais c'est fort heureux cela! il n'aura pas la peine de chercher une maison de santé.

ERNEST. Je ne puis m'empêcher de plaindre les infortunés qui viennent réclamer nos soins.

SCÈNE XVI.

LES MÊMES, MÉLANIE.

MÉLANIE. Ernest, Gertrude... vous ne savez pas...

GERTRUDE. Qu'y a-t-il?

MÉLANIE. Cet homme qui a roulé tout le long de la montagne et que vous avez recueilli..

ERNEST. Eh bien?..

MÉLANIE. Eh bien! c'est M. Frimard, celui que je dois épouser...

ERNEST. Mais je le savais.

GERTRUDE. Ça fera un joli mari.

MÉLANIE. Comment cela?

GERTRUDE. Pardi!.. il est fou.

MÉLANIE. Il est fou!..

ERNEST. Gertrude l'assure.

GERTRUDE. Mais rien n'est plus vrai... Il se croit mort... il me dit que je suis jolie... il ne fait que des extravagances.....

MÉLANIE. Le pauvre homme! je ne l'aime pas; mais je ne puis m'empêcher de le plaindre.

ERNEST. Et moi, je ne lui en promets pas moins les secours qui lui sont nécessaires.

MÉLANIE. J'aime à vous entendre parler ainsi.

AIR: *J' lui dirai bien.*

J'en conviens, je ne l'aime pas;
Je ne veux pas être sa femme;
Mais le voir malheureux... hélas!
Cela n'entre pas dans mon âme.
Je suis certaine que mon cœur,
Sur ce point, est comme le vôtre:
S'il ne peut faire mon bonheur,
Qu'il fasse le bonheur d'une autre.

ERNEST. Mais où est-il maintenant? Il faut le chercher, il faut avoir soin de lui... Suivez-moi.

AIR: *Vaudeville du Philtre champenois.*

Cherchons,
Et dépêchons;
Il a, je pense,
Droit à la bienveillance.
Cherchons,
Et dépêchons,
Et que du moins
Il n'échappe à nos soins.

ENSEMBLE.

Cherchons, etc.

(*ils sortent.*)

SCÈNE XVII.

FRIMARD, *seul.*

M'en voilà débarrassé... Est-il mauvais donc, cet animal-là... Ah! ça, il me vient une idée... Tous ces désagrémens que j'ai éprouvés depuis ce matin me font supposer une chose... c'est que je suis dans le purgatoire, il n'y a pas de doute... (*Méphistophélès, sur un coup de tamtam et de cymbale, arrive comme Frédérick dans Faust; il se pose sur le banc à gauche.*) Mais qu'est-ce que je vois là-bas... C'est Satan lui-même... Je me meurs... Que je suis bête, je ne me meurs pas, puisque je suis mort...

SCÈNE XVIII.

MÉPHISTOPHÉLÈS, FRIMARD.

MÉPHISTOPHÉLÈS. Ah!.. ah!.. ah!.. ah!..

FRIMARD, *à genoux.* Grâce!.. grâce!..

MÉPHISTOPHÉLÈS. Ah! ah! ah! tu as peur de moi...

FRIMARD. Il n'y a peut-être pas de quoi.

MÉPHISTOPHÉLÈS. Je suis cependant un bon enfant.

FRIMARD. Comme ça sent l'enfer.

MÉPHISTOPHÉLÈS. Allons, mon cher, point de faiblesse... Nous allons faire ensemble un voyage charmant... Je vais te faire visiter tous les plus jolis endroits de mon pays. Ah! ah! ah!..

FRIMARD. Ils doivent être beaux, ces jolis endroits.

MÉPHISTOPHÉLÈS. Nous déjeûnerons dans un café qui vaut bien le café anglais.... nous mangerons quelques gâteaux chez un pâtissier qui les fait aussi bien que Félix... nous dînerons au *Feu Éternel!*...

FRIMARD. Au *Feu Éternel!*..

MÉPHISTOPHÉLÈS. C'est le Véry de mes états.

FRIMARD. Les états du diable!

MÉPHISTOPHÉLÈS. Et puis je te mènerai à Tivoli.

FRIMARD. Il y a aussi un Tivoli?

MÉPHISTOPHÉLÈS. Et un peu soigné... avec des bosquets... Ah! ah! ah!.. et je te ferai voir aussi le grand Opéra... la *Tentation* qui ne tente personne... Ah! ah! ah!

FRIMARD. Il rit toujours, ce satané Satan.

MÉPHISTOPHÉLÈS. Tu vois que tu auras de l'agrément... J'aime le plaisir, moi...

FRIMARD. Et moi aussi.

MÉPHISTOPHÉLÈS. Les hommes disent du mal de nous... c'est qu'ils ne nous connaissent pas.

FRIMARD. C'est vrai aussi.

AIR : *Une robe légère.*

Sur la machine ronde,
Chacun hait Lucifer...

MÉPHISTOPHÉLÈS.

C'est à tort dans le monde
Qu'on médit de l'enfer.
Contre lui l'on clabaude,
Où trouve-t-on pourtant
Une amitié plus chaude,
Un amour plus brûlant ?

FRIMARD, *à part*. C'est assez gentil ce qu'il dit là.

MÉPHISTOPHÉLÈS. Et puis je te conduirai dans mon sérail.

FRIMARD. Vous avez un sérail?

MÉPHISTOPHÉLÈS. Tu verras des femmes... Ah!. ah! ah!

FRIMARD. Ah! ah! ah!.. des femmes première qualité?

MÉPHISTOPHÉLÈS. Des femmes superbes.

FRIMARD. Superbes!.. Scélérat de diable, va!.. J'adore le beau-sexe, d'abord.

MÉPHISTOPHÉLÈS. Je t'en donnerai huit pour toi.

FRIMARD. Huit femmes!..

MÉPHISTOPHÉLÈS. Oui.

(*L'orchestre joue la valse de Faust. Méphistophélès danse l'Allemande avec Frimard.*)

FRIMARD. O aimable démon, tu me ravis!.. Ma foi, vive le diable!

MÉPHISTOPHÉLÈS. Ah! ah! ah!.. je te tiens... tu es ma proie...

FRIMARD. O dieu, suis-je bête!.. Je me suis livré au diable.

MÉPHISTOPHÉLÈS. Tu m'appartiens... je puis faire de toi tout ce qu'il me plaira... Ah! ah! ah!

FRIMARD. perfide!.. perfide!.. séducteur!.. es-tu faux et insinuant!.. Et moi, cruche, je me suis laissé embêter par lui.

MÉPHISTOPHÉLÈS. Maintenant tu es mon esclave... A moi, mes lutins, mes démons!.. Qu'on remplisse les cuves, qu'on allume de grands feux...

FRIMARD. Grâce!.. grâce!..

MÉPHISTOPHÉLÈS. Tu as peur... tant mieux!.. j'aime voir trembler les mortels... Ah! ah! ah!.. comme tu vas souffrir... comme tu vas faire la grimace... ah! ah! ah!

FRIMARD. Il rit toujours... Sans-cœur, va... Mais est-ce que je vais me laisser rôtir comme ça sans me plaindre!.. Je me révolte... je ne veux pas brûler... Va-t'en, Satan!.. va-t'en! je ne veux pas brûler, te dis-je...

MÉPHISTOPHÉLÈS. Ah! tu fais le méchant, tu me résistes, avorton! (*Il le prend par le corps; Frimard se débat, mais il n'est pas le plus fort.*) Tiens, grain de sable! (*Il enlève le toupet de Frimard.*)

FRIMARD. Scélérat! coquin! brigand!.. O dieu! personne pour me défendre... Il n'y a donc pas de charte ici, pas de police?

MÉPHISTOPHÉLÈS. Ah! ah! ah!

Air du Logeur.

Point de bruit, point de cris, allons vite,
A l'instant nous partons pour l'enfer.
C'en est fait, oui, ton âme est maudite,
Elle appartient à Lucifer.

FRIMARD.

Quoi! mon âme est pour Lucifer.

(*Méphistophélès entraîne Frimard dans la coulisse du côté du soupirail.*)

SCENE XIX.

MÉPHISTOPHÉLÈS, GERTRUDE, GARÇONS.

GERTRUDE. Au secours!.. au secours!.. venez vite vous emparer de ce fou.

MÉPHISTOPHÉLÈS, *reparaissant à une autre coulisse*. Qui osera porter la main sur moi?

(*Les Garçons se débattent avec Méphistophélès, Gertrude court çà et là. On finit par l'entraîner.*)

SCENE XX.

GERTRUDE, ERNEST, MÉLANIE.

ERNEST. Que veut dire tout ce tapage?

GERTRUDE. C'est ce maudit fou qui a la rage de se croire le diable, et qui était furieux.

ERNEST. J'avais recommandé de le surveiller avec soin.

MÉLANIE. Mais où est donc M. Frimard?

SCENE XXI.

LES MÊMES, FRIMARD, *passant sa tête toute noire par l'ouverture de la cave.*

FRIMARD. Qui m'appelle?

TOUS. Qu'est-ce que c'est que ça?..

ERNEST. Mais je ne me trompe pas, c'est M. Frimard...

FRIMARD. Moi-même.

ERNEST. Mais que faites-vous là?

FRIMARD. Je suis en enfer.

TOUS En enfer!

MÉLANIE. Gertrude ne s'était pas trompée, il est fou !

FRIMARD. Je suis fou !.. je suis mort.

ERNEST. Le malheureux !.. aidez-le à sortir de là.

FRIMARD, *sortant*. Comment, vous avez le droit de me faire sortir de l'enfer !.. Ah ! je le vois, vous êtes un ange... en bourgeois; vous avez mis vos ailes dans votre poche.

GERTRUDE. Il a une drôle de folie, tout de même...

SCENE XXII.

LES MÊMES, LE POSTILLON.

LE POSTILLON, *faisant claquer son fouet dans la coulisse*. Not' bourgeois, not' bourgeois, quand vous voudrez partir, la voiture est en bon état.

FRIMARD. Partir ! et pour quel pays ?

LE POSTILLON. Est-ce que nous n'allions pas à Paris ?

FRIMARD. Ah ! ça, qu'est-ce ça signifie, tout ça ?... est-ce que tu n'es pas mort ?

LE POSTILLON. Comment, mort !... mais je suis diablement vivant, moi.

FRIMARD. Je n'y suis plus.

ERNEST. La raison lui revient.

FRIMARD. Eh ben ! et moi, suis-je vivant ?

ERNEST. Certainement.

FRIMARD. Et tout ce monde-là ?...

ERNEST. Est vivant.

FRIMARD. Mais alors, et Anthénor, Timpan, Frivolet et le diable...

ERNEST. Je comprends... ce sont nos fous qui l'ont trompé.

FRIMARD. Des fous !... je suis donc dans une maison de fous ?... j'y suis... je suis vivant... Dieu ! je suis vivant... que c'est bon de ressusciter !..

AIR : *Je resterais long-temps au lit.*

Eh quoi ! me voici de retour
De la triste et sombre demeure ;
Ce n'est donc pas encor le jour,
Où doit sonner ma dernière heure ?
De ne pas suivre Lucifer,
Je suis fort content, sur mon âme ;
Car au lieu d'aller en enfer,
Je retourne auprès de ma femme.

MÉLANIE. Votre femme !

ERNEST. Vous êtes marié !

FRIMARD. Certainement.

ERNEST. Mais vous deviez épouser madame Sainville.

FRIMARD. Sans doute... mais l'amour en a ordonné autrement... Une femme simple et naïve, quoiqu'âgée de 45 ans, a su me séduire. Je l'ai épousée dans un moment d'égarement... l'égarement est passé, mais la femme me reste ; et vous savez qu'une épouse est une marchandise qui ne se vend pas comme les rasoirs... à l'épreuve... Une fois que le maire y a passé, il n'y a plus à revenir... J'allais à Paris me dégager avec mon ami, et m'excuser auprès de madame Sainville, lorsque j'ai roulé...

ERNEST. Quel bonheur !

FRIMARD. Qu'est-ce que cela vous fait donc, jeune homme ?

MÉLANIE. Apprenez que je suis madame Sainville, et que vous êtes chez mon oncle.

FRIMARD. Vous étiez ma prétendue... Ah ! parole d'honneur, vous êtes bien mieux que madame Frimard... mais le sort en est jeté... Monsieur vous aime, je l'ai deviné... je suis si malin... Mariez-vous, jeunes gens... mariez-vous, et vivez en paix... si vous pouvez.

MÉLANIE, *s'avançant pour chanter le couplet au public.*

AIR : *Ami, voici la riante semaine,*

Pour nos auteurs, ayez de l'indulgence...

GARÇON, *accourant*. Monsieur... Monsieur... Vous savez... cette vieille folle de madame Friquet s'est échappée ; on ne sait ce qu'elle est devenue.

SCÈNE XXIIIe ET DERNIÈRE.

LES MÊMES, Mme FRIQUET.

Mme FRIQUET, *paraissant par le trou du souffleur*. Me voici !... me voici...

ERNEST. Qu'on s'en empare.

Mme FRIQUET. Un instant. J'ai un mot à dire à ces Messieurs.

AIR : *Bouton de rose.*

Je suis portière,
Pourtant je n'lis pas de romans;
Je n' suis pas du tout cancannière,
J' n'ai pas d' chien, pas d' chat, pas d'enfans,
et cependant
Je suis portière.

Je viens d'être chassée de de chez des bourgeois qui me rendaient horriblement malheureuse, et je viens demander s'il n'y aurait pas moyen de se caser par-ici... J'n'ai pas besoin de gros gages, ni d'un logement inmense. J'ai un léger mobilier; je suis simple dans mes goûts... D'abord, j'ai en horreur les portiers qui veut éternuer plus haut que le nez ; je sais me prêter à toutes les petites caprices des locataires, et dans c'te maison de fous, je connais déjà toutes les gens qui l'habitent... Par exemple, ce Monsieur qui dit toujours : « Que la nature est belle dans l'éternité! que c'est bon de respirer l'air céleste !... » Et c't'autre qui se croit un Racine avec ses sanguino-musico-drames : « Le fils des dieux, le successeur d'Alcide. » Ensuite, cet écervelé qui danse, qui chante : « Ah! quel plaisir!... » Et puis ce méchant diable qui rit toujours : « Ah! ah! ah! je te ferai rôtir, mon doux maître; tu feras la grimace, et je rirai, ah! ah! ah! » Aussi, il faut voir comme je les soignerai, si vous voulez me bien accueillir... Je tâcherai de les faire rire; c'est si bon de rire... et je vous prie de croire que quoique nous soyons ici un peu loin de la *Gaîté*, nous n'en sommes pas plus tristes pour ça.

CHOEUR.

Air : Oui, l'or est une chimère.

Ah! que de fous sur la terre;
Mais s'il est vrai qu'en tous lieux
L' bonheur soit une chimère,
Les fous sont les plus heureux.

AU PUBLIC.

Air du Nouveau Seigneur.

Vous avez des droits magnifiques;
Car vous pouvez, Messieurs, nous applaudir,
Nous accabler de vos critiques,
Mêm' nous siffler, si c'est votre plaisir...
De vot' pouvoir, ah! cachez les insignes,
Laissez nous vivre, hein!.. voyons... sans façon...
Car, en conscience, nous n' sommes pas dignes
D'être enterrés au Panthéon...

Des fous comm' nous ne sont pas dignes,
D'être enterrés au Panthéon !

(*Cette prose se chante.*)

Serrez vos passepartouts, vos sifflets, vos instrumens à vent, et autres insignes...

Les honneurs du Panthéon appartiennent à des grands hommes ..

Mais des danseurs, des auteurs, des portières, des épiciers, et autres acrobates, comme ces fous-là, n'en sont pas dignes...

Nous n'méritons pas d'être enterrés au Panthéon...

REPRISE EN CHOEUR.

Ah! que de fous sur la terre, etc.

FIN.

Il y a plus de mérite dans le petit acte représenté au Panthéon sous le titre d'*une Heure dans l'autre Monde*, que dans beaucoup d'autres Pièces jouées sur nos différens théâtres. La donnée en est originale, et les détails amusent continuellement. La scène se passe dans une maison de fous; chacun des hôtes se croit un personnage illustre, et un étranger dont la chaise de poste a versé dans les environs, s'imagine être dans le séjour des morts, en se trouvant dans les bosquets du docteur, en face d'un Napoléon, d'un Mirabeau, d'un Foy, etc. Les auteurs n'ont livré que leurs prénoms au public; leur pièce méritait qu'ils en avouassent la paternité.

(*Extrait du Constitutionnel.*)

THÉATRE PARISIEN.

PIÈCES NOUVELLES ET AUTRES.

Une Heure dans l'autre Monde, folie-parade-vaud. par MM. Lubize et E. Ronteix.
Le Gueux de mer ou la Belgique, drame 3 a. Cormon.
L'Ouvrière, drame-vaudeville, 3 actes.
Ma Femme et sa Chambre, folie-vaud. par Edme Schauffer.
Le bon Ange, ou chacun ses torts, drame-vaudeville en 1 a. par Boulé et Cormon.
L'Amour et les Champignons, dr. en 1 a. en vers, par M. Thibaut.
Allez vous coucher, vaud. de MM. Gabriel et E. Vander-Burch.
La Fille de Robert Macaire, mél. comique en 2 actes, de Maillan et Barthélemy.
Claude Bélissan, vaud. en un acte, de M. Théaulon.
Naissance et Mariage, vaud. en un acte, de E. Cormon.
Le Facteur, drame en 5 actes, de MM. Ch. Desnoyers et Potier.
Othello, tragédie en 5 actes, de Ducis.
Chambre a louer, vaudeville, de Varez.
Le Ménage du Savetier, vaudeville.
La Femme de l'Avoué, vaud. en un acte, de MM. Mélesville et Carmouche.
Malborough, parade-vaud. en 3 a., par M. Dumersan.
Discrétion, comédie-vaud. en 1 a., par MM. Dumanoir et Camille.

TOME Ier DU THÉATRE PARISIEN, contenant 25 Pièces.

Prix : 6 fr. 50 c., et *franco* 8 fr. — (*Toutes ces Pièces se vendent séparément.*)

Adolphe et Clara, v. en 1 a. de Marsollier.
Caravage, drame en 3 a.
La Cocarde tricolore, v. en 3 a. de M. Cogniard.
Le Conscrit, v. de MM. Merle, Simonnin et Ferdinand.
Dieu et Diable, v. de M. Nezel.
La Famille de l'Apothicaire, v. de MM. Duvert, Duverger et Varin.
La Femme, le Mari et l'Amant, v. en 4 a. de MM. Paul de Kock et Dupeuty.
Le Fils adoptif, v. de M. Brazier.
La France pittoresque, v. de MM. Théaulon et Desmares.
L'Idée du Mari, v. de MM. Adolphe Dennery et Cormon.
Jocrisse Maître et Jocrisse Valet, 1 a. (*Cette Pièce manquait depuis 10 ans.*)
Judith et Holopherne, v. en 2 a. de MM. Théaulon et Nézel.
Mme Bazille, v. de MM. Lurine et Sollard.
La Marchésa, d. en 3 a. de MM. Adolphe Dennery et Alfred.
Le Mari, la Femme et le Voleur, v. en 1 a. de MM. Lewen et Lafitte.
Le Musicien de Valence, v. de MM. Simonnin et Gustave.
La Salamandre, v. hist. en 4 a. de MM. de Livry, Desforges et Leuwen.
Sans Tambour ni Trompette, v. de MM. Brazier, Merle et Carmouche.
Tout Chemin mène à Rome, v. de MM. Charles Desnoyers et Lafitte.
Le Tremblement de terre de Lisbonne, tr. en 5 a. de Maître André.
Trois Ans après, drame en 4 a.
Un Antécédent, v. de M. Arago.
Un Noviciat diplomatique, vaud.
Une Fille à établir, v. en 2 a. de M. Bayard.
Les Victimes cloîtrées, d. en 3 a. de Monvel.

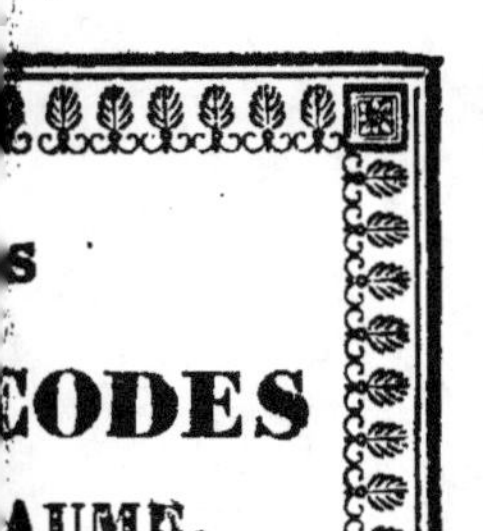

LES

HUIT CODES

DU ROYAUME,

PRÉCÉDÉS

DU TABLEAU DES DISTANCES DE PARIS

A TOUS LES CHEFS-LIEUX DES DÉPARTEMENS,

Evaluées en kilomètres, en myriamètres et en lieues anciennes.

DU TARIF DES FRAIS ET DÉPENS

POUR LE RESSORT DE LA COUR ROYALE DE PARIS ET DES DÉPARTEMENS;

ET SUIVIS

DES LOIS SUR L'ORGANISATION DE LA GARDE NATIONALE. — SUR L'ORGANISATION MUNICIPALE. — SUR L'APPLICATION DU JURY AUX DÉLITS DE LA PRESSE. — SUR LA PROCÉDURE EN MATIÈRE DE DÉLITS DE LA PRESSE, AFFICHAGE ET CRIAGE PUBLICS. — SUR LE CAUTIONNEMENT DES JOURNAUX ET ÉCRITS PÉRIODIQUES. — LOI SUR LES ÉLECTIONS. — SUR LE SACRILÉGE. — SUR LES SUBSTITUTIONS.

HUITIÈME ÉDITION.

D'APRÈS LES ÉDITIONS DE L'IMPRIMERIE ROYALE.

PARIS,
CHASSAIGNON, IMPRIMEUR-LIBRAIRE,
Rue Gît-le-Cœur, N° 7.

1833.

www.ingramcontent.com/pod-product-compliance
Lightning Source LLC
LaVergne TN
LVHW050234180726
843501LV00014BA/3959
* 9 7 8 2 3 2 9 3 3 7 9 8 2 *